mamma

anne

papà

baba

bambino

oğlan

bambina

kız

1

uno

bir

2

due

iki

3

tre

üç

4

quattro

dört

5

cinque

beş

6

sei

altı

7

sette

yedi

8

otto

sekiz

9

nove

dokuz

10

dieci

on

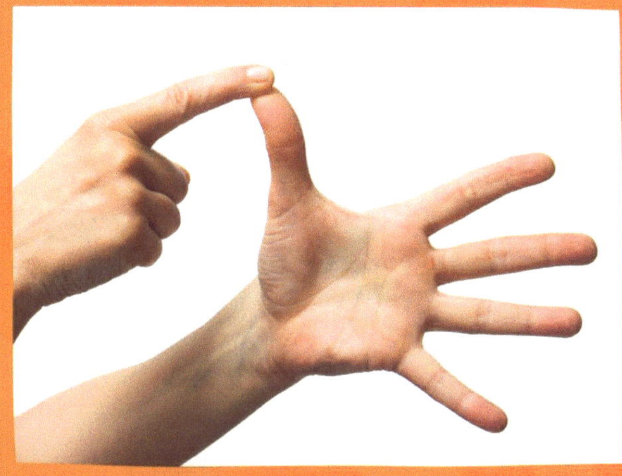

contare

saymak

scrivere

yazmak

disegnare

çizmek

dipingere

boyamak

cerchio

daire

quadrato

kare

rettangolo

dikdörtgen

triangolo

üçgen

stella

yıldız

nero

siyah

bianco

beyaz

marrone

kahverengi

rosso

кırmızı

blu

mavi

giallo

sarı

verde

yeşil

grigio

gri

rosa

pembe

mela

elma

banana

muz

ananas

ananas

cocomero

karpuz

pera

armut

uva

üzüm

mango

mango

pesca

şeftali

fragola

çilek

ciliegia

kiraz

arancia

portakal

cocco

hindistan cevizi

limone

limon

fungo

mantar

mais

mısır

pomodoro

domates

zucca

bal kabağı

cetriolo

salatalık

carota

havuç

patata

patates

zucchina

kabak

spinacio

ıspanak

cavolfiore

karnabahar

uovo

yumurta

piatto

tabak

cucchiaio

kaşık

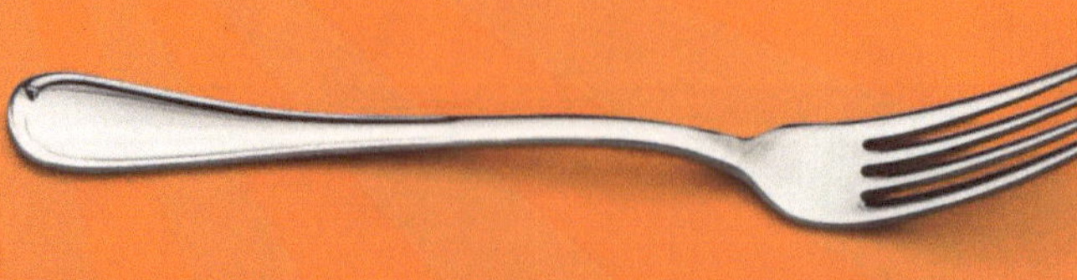

coltello

bıçak

forchetta

çatal

torta

pasta

biberon

biberon

caramelle

şekerler

formaggio

peynir

bere

içmek

mangiare

yemek

caldo

sıcak

freddo

soğuk

piccolo

küçük

grande

büyük

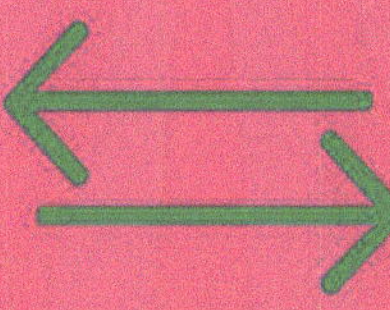

corto

kısa

lungo

uzun

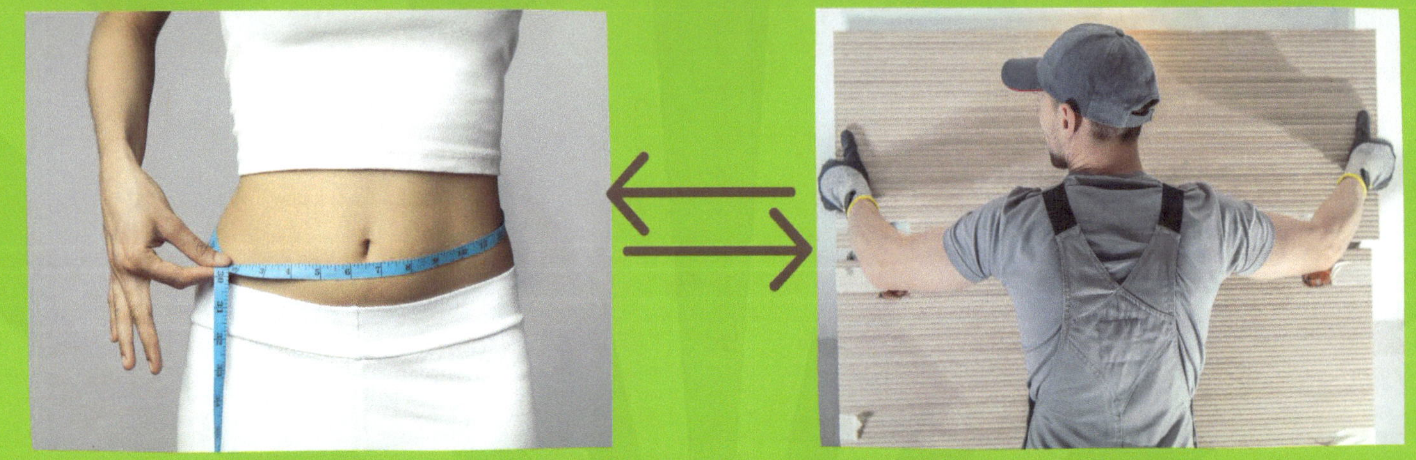

sottile

ince

largo

geniş

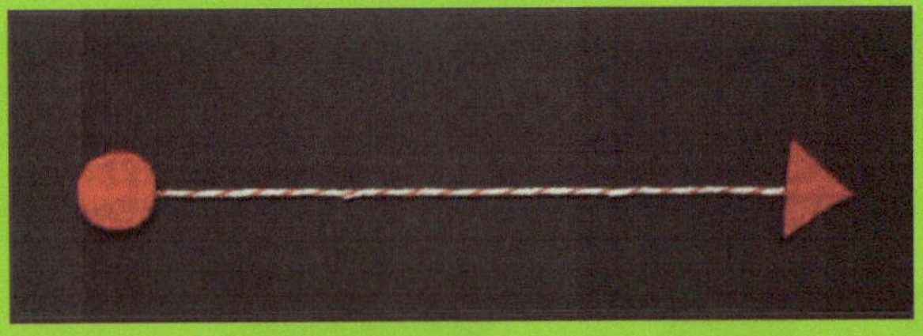

facile

kolay

difficile

zor

alzarsi

ayağa kalkmak

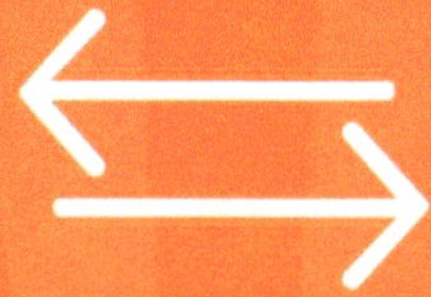

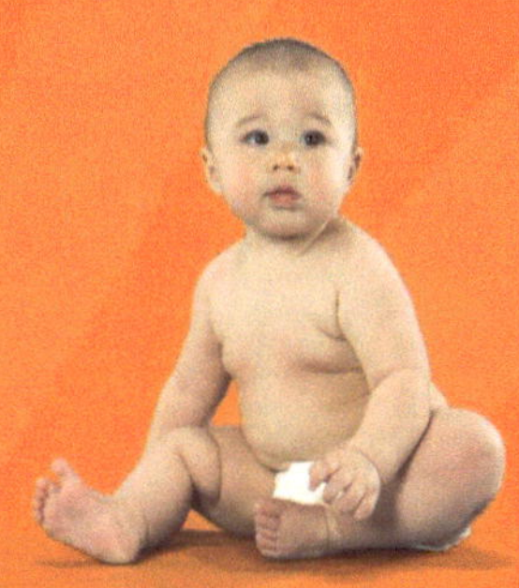

sedersi

oturmak

dolce

tatlı

salato

tuzlu

pesante

ağır

leggero

hafif

dentro

içinde

fuori

dışında

sporco

kirli

pulito

temiz

chiudere

kapalı

aprire

açık

matite

kalemler

orologio

saat

chiave

anahtar

libro

kitap

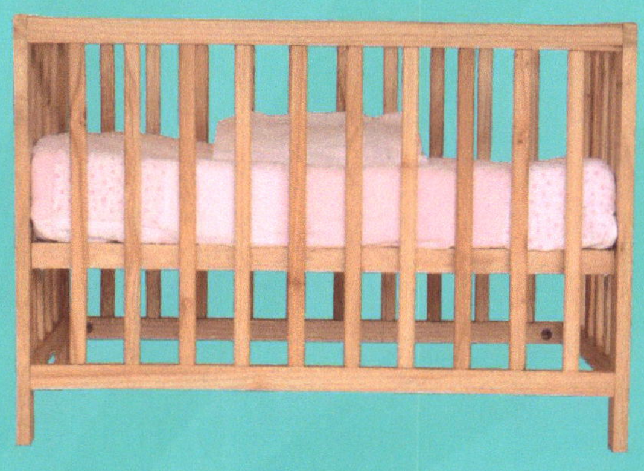

tavolo

masa

automobile

araba

bicicletta

bisiklet

aereo

uçak

barca

tekne

treno

tren

elicottero

helikopter

camion dei pompieri

itfaiye arabası

pompiere

itfaiyeci

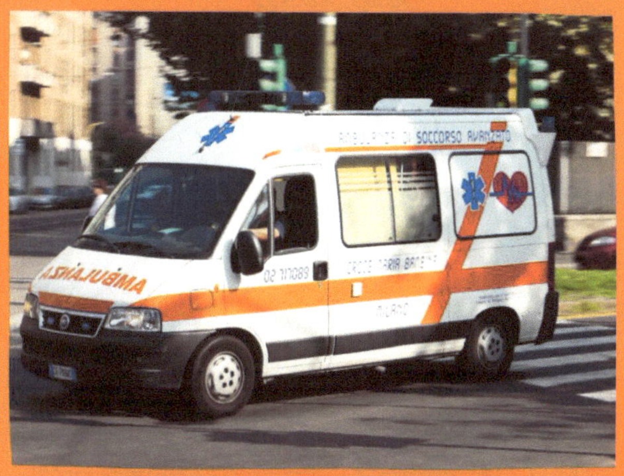

ambulanza

ambulans

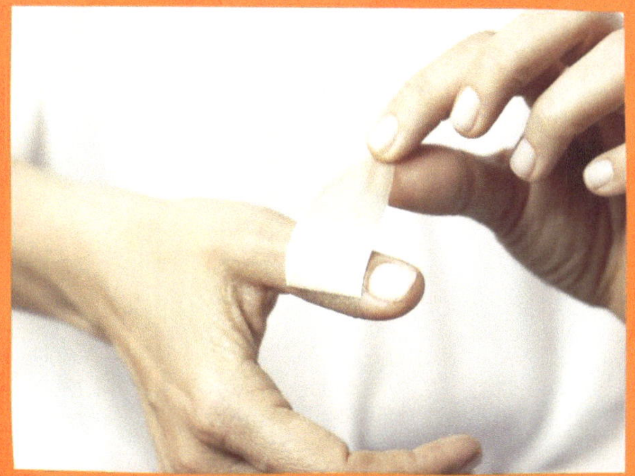

benda

sargı

paramedico

sağlık görevlileri

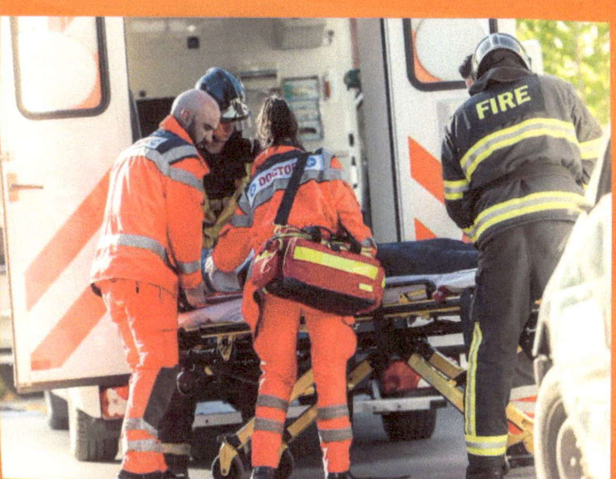

squadra di soccorso

kurtarma ekibi

foresta

orman

montagna

dağ

erba

çimen

sabbia

kum

albero

ağaç

fiore

çiçek

farfalla

kelebek

formica

karınca

gatto

kedi

cane

köpek

cavallo

at

topo

fare

mucca

inek

maiale

domuz

pecora

koyun

anatra

ördek

oca

kaz

coniglio

tavşan

pesce

balık

veterinario

veteriner

dottore

doktor

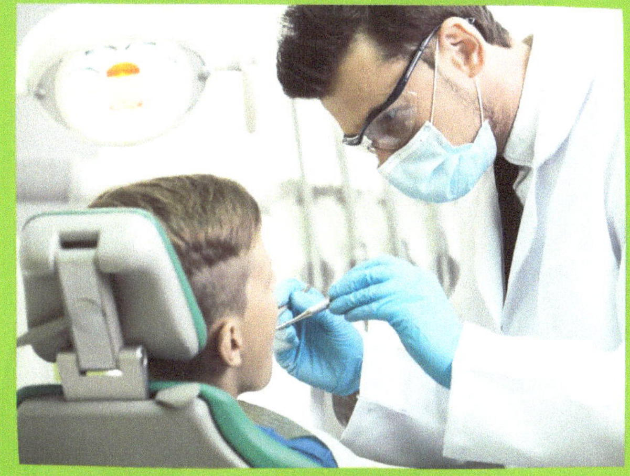

dentista

diş hekimi

farmacista

eczacı

infermiere

hemşire

testa

kafa

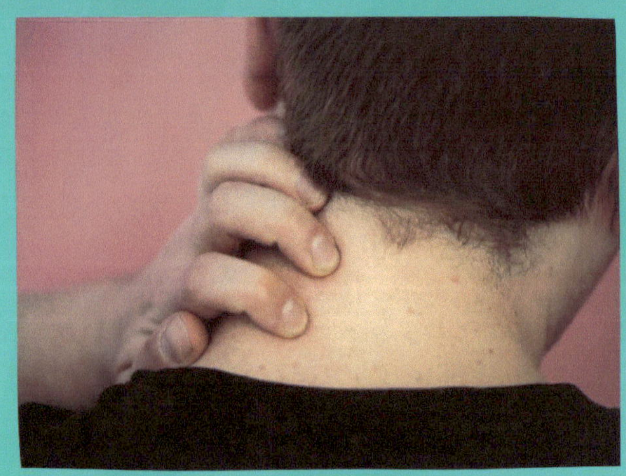

collo

boyun

piede

ayak

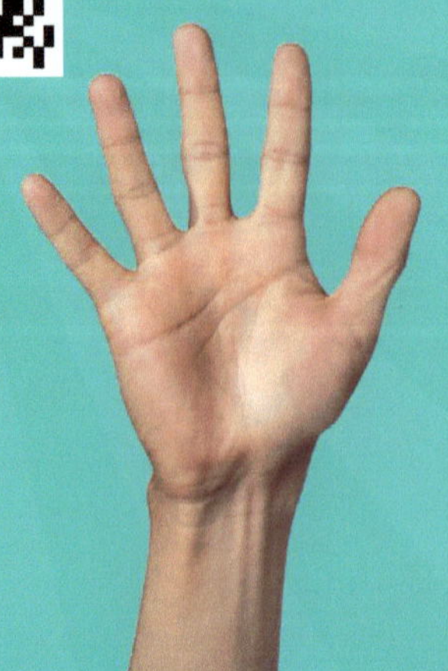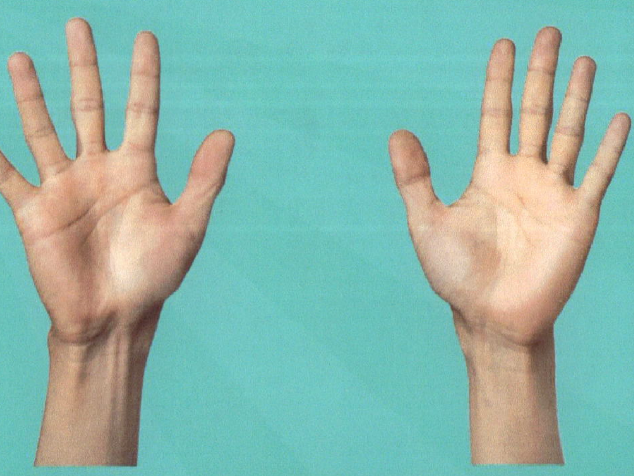

mano

el

denti

dişler

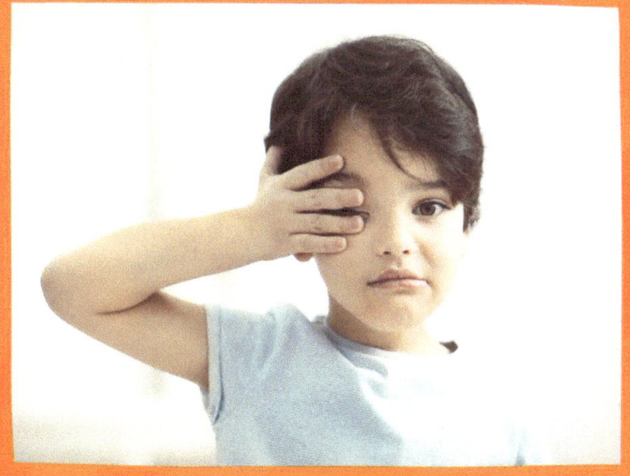

occhio

göz

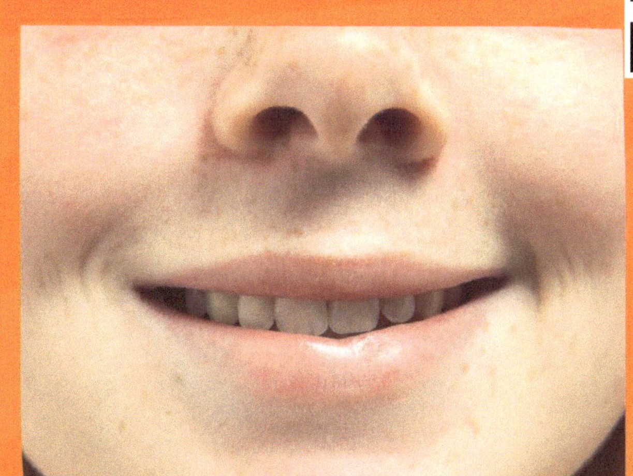

bocca

ağız

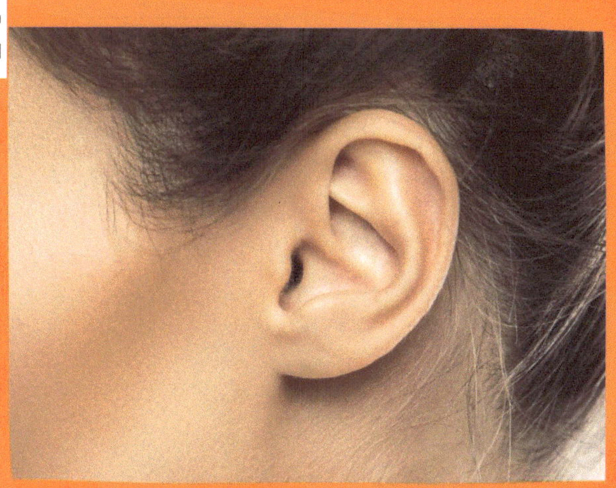

orecchio

kulak

cappello

şapka

vestito

elbise

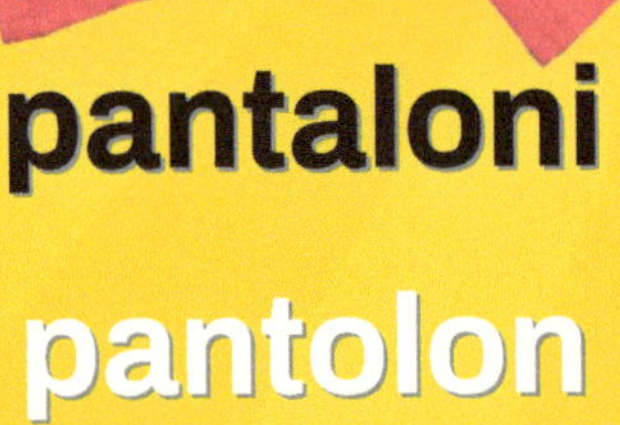

pantaloni

pantolon

scarpe

ayakkabı

cappotto

palto

sciarpa

atkı

ombrello

şemsiye

occhiali

gözlük

sole

güneş

nuvoloso

bulutlu

piovoso

yağmurlu

luna

ay